Bibliografische Information der Deutschen Nationalbibliothek:

Die Deutsche Bibliothek verzeichnet diese Publikation in der Deutschen National-
bibliografie; detaillierte bibliografische Daten sind im Internet über http://dnb.d-
nb.de/ abrufbar.

Impressum:

Copyright © 2007 GRIN Verlag, Open Publishing GmbH
Druck und Bindung: Books on Demand GmbH, Norderstedt Germany
ISBN: 9783638888080

Dieses Buch bei GRIN:

http://www.grin.com/de/e-book/82535/videoueberwachung-und-der-biometrische-
reisepass

Karin Schäuble

Videoüberwachung und der biometrische Reisepass

Chancen und Risiken

GRIN Verlag

GRIN - Your knowledge has value

Der GRIN Verlag publiziert seit 1998 wissenschaftliche Arbeiten von Studenten, Hochschullehrern und anderen Akademikern als eBook und gedrucktes Buch. Die Verlagswebsite www.grin.com ist die ideale Plattform zur Veröffentlichung von Hausarbeiten, Abschlussarbeiten, wissenschaftlichen Aufsätzen, Dissertationen und Fachbüchern.

Besuchen Sie uns im Internet:

http://www.grin.com/

http://www.facebook.com/grincom

http://www.twitter.com/grin_com

Universität Karlsruhe (TH)
Fakultät für Wirtschaftswissenschaften
Institut für Angewandte Informatik
und Formale Beschreibungsverfahren

SEMINARARBEIT

Seminar „Informatik und Gesellschaft"

SS 2007

Videoüberwachung und der biometrische Reisepass

Chancen und Risiken

Karin Schäuble

Inhaltsverzeichnis

1 Einleitung

Wir befinden uns im 21. Jahrhundert. Im Zeitalter der Informatik wird uns mit immer neuen, sich immer schneller weiterentwickelnden Innovationen viel möglich gemacht. Wir sind überall und jederzeit erreichbar und können jegliche benötigte Information beispielsweise über das WorldWideWeb einholen. Weiter ist es möglich, Informationen und Wissen problemlos digital zu speichern und zwar in unendlich großem Umfang. Diese Entwicklung wurde so nicht geplant oder beabsichtigt, Technik und Informatik werden unter Mitwirkung vieler Menschen weiterentwickelt.

Mittlerweile herrscht in unserer Welt ein unheimlich großer Informationsbedarf. Sowohl der Staat als auch die Wirtschaft sammeln, verarbeiten und analysieren Unmengen von Daten. Die Nutzung der technischen Innovationen macht diesen Umgang mit Informationen und Daten überhaupt erst möglich.

Im Bereich des Datenschutzes ist gerade die problemlose Speicherung von aufgezeichneten Daten eine Gefahr. Mit Hilfe von vielfältigen Hardware- und Softwarelösungen werden Bild- und Tonsequenzen aufgezeichnet. Die Überwachung gefährdeter Plätze ist so möglich, doch auch umfangreiche Analysen dieser Daten sind durch die modernen Mittel der Informatik leicht machbar.

Mit immer neuen Techniken und Innovationen nimmt die Informatik immer mehr Einfluss auf die Gesellschaft. Technische Möglichkeiten wollen genutzt werden, zum Beispiel zur Verbrechensbekämpfung oder zur Vereinfachung der Grenzkontrollen.
Im Bereich der Videoüberwachung beispielsweise ist der Weg vom „Überwachen" zum „Speichern" sehr kurz [Har] und damit der Schutz der Privatsphäre in Gefahr.
Die Videoüberwachung und der biometrische Reisepass (ePass) sind zwei „Instrumente", die aufgrund ihrer technischen Grundlagen leicht missbraucht werden können. In dieser Arbeit möchte ich sie genauer betrachten und aufzeigen, wie sie eingesetzt werden und wie ihr Einsatz bewertet wird.

2 Videoüberwachung

2.1 Zweck der Videoüberwachung

„Videoüberwachung ist die sichtbarste Form der Überwachung"[1].

Die Videoüberwachung begleitet uns mittlerweile fast überall durch den Alltag. Kameras sind an öffentlichen Plätzen, in offentlichen Gebäuden, in Kaufhäusern und Parkanlagen zu finden.

Unter Videoüberwachung versteht man den Einsatz von Videotechnik zur Erreichung gewisser Schutzziele [bsie], zum Beispiel:

- Überwachung

- Alarmierung

- Erkennung und Lokalisierung von Gefahren

- Abschreckung

- Identifizierung

- Schadenverhütung

Grundlage für die Rechtfertigung von Videoüberwachung bietet das Bundesdatenschutzgesetz (BDSG) [BDS], welches seit der im Mai 2001 in Kraft getretenen novellierten Fassung auch die Beobachtung öffentlicher Räume mit optisch-elektronischen Einrichtungen regelt (§6b BDSG). Mehr dazu in: Abschnitt 2.4: Rechtliche Hintergründe.

---

[1]Der Bundesbeauftragte für den Datenschutz Peter Schaar in seinem 21. Tätigkeitsbericht 2005-2006 [bfd07b, S. 39]

2.2 Geschichtliche Entwicklung

Die Videoüberwachung begann in Deutschland 1958, als in München eine Verkehrszentrale eingerichtet wurde, die 17 Verkehrsschwerpunkte mit Videotechnik überwachen sollte [Kla07, S. 122].
Seit sie technisch möglich ist, findet die Videoüberwachung immer mehr Einsatzgebiete. Neben dem üblichen Einsatz in Kassenräumen sind in immer mehr Kaufhäusern, Parkhäusern und öffentlichen Verkehrsmitteln Kameras installiert. Diese Entwicklung wurde schon immer von Gegenwehr durch die Bevölkerung begleitet, die sich nicht einfach zunehmend überwachen und verfolgen lassen will. Der Bundesbeauftragte für den Datenschutz und die Informationsfreiheit ist in Datenschutzfragen von zentraler Bedeutung für die Bevölkerung. Er verfolgt und kritisiert das Geschehen in Deutschland und besteht auf die Einhaltung von Datenschutzrichtlinen und der Gesetze zum Schutze der Bürger.

Der Anschlag in New York am 11. September 2001 war jedoch der Beginn eines Umbruchs, was die allgemeine Haltung der Menschen gegenüber Videoüberwachung angeht. Das Verhältnis von Sicherheit zu Freiheit wird seither aufgrund stark gewachsener Angst vor der Bedrohung „Terror" anders bewertet. Alle weiteren mittlerweile unzähligen terroristischen Aktivitäten auf der ganzen Welt (Bali, Madrid, London - um nur die großen zu nennen) verstärkten diese Entwicklung. So forderte der niedersächsische Ministerpräsident Christian Wulff nach dem Anschlag in Madrid „bundesweit die Videoüberwachung von öffentlichen Plätzen" [Wul04]. Die Bedrohung war nun auch geographisch sehr nahe gekommen, was das Sicherheitsbedürfnis der Bevölkerung deutlich erhöht hat [Kla07, S. 118]. Die Anbringung von Kameras zur Gefahrenabwehr, zum Schutz vor terroristischen Anschlägen wird jetzt allgemein zunehmend befürwortet. Zugleich nimmt aber auch die Kritik und die Sorge um die Sicherheit der personenbezogenen Daten zu. Viele Studien zeigen, dass Videokameras zu einem veränderten Verhalten der Menschen führen. An Plätzen mit hoher Kriminalität führen die Kameras zu einer verbesserten Situation mit weniger Delikten. Darum werden mittlerweile aus Kostengründen auch Videoattrappen eingesetzt, um den Abschreckungseffekt auszunutzen.

Die Entwicklung der Technik erlaubt immer mehr Möglichkeiten, Objekte zu überwachen - bemerkt oder unbemerkt. Durch sogenannte *Dome-Kameras* mit einem Schwenkbereich von 360 Grad ist eine Vollraumüberwachung kein Problem mehr [bfd07b, S. 39]. Auf den Bahnhöfen der Deutschen Bahn AG befinden sich mittlerweile 3092 Kameras (Stand Dezember 2006)[2].

---

[2]Peter Schaar in seiner Pressemitteilung zum 21. Tätigkeitsbericht am 24. April 2007

2.3 Die zwei Einsatzbereiche der Videoüberwachung

Bei der Videoüberwachung gelten unterschiedliche Gesetze und Bestimmungen, je nachdem, von wem die Videoüberwachung angewendet wird. Deshalb kann man grundsätzlich zwischen zwei Formen der Videoüberwachung unterscheiden:

- öffentlich bzw. staatlich
  Im öffentlichen Raum befinden sich Kameras an Orten, die als gefährdet gelten: Dies sind z.b. Plätze in der Innenstadt, Bahnhöfe und Flughäfen. Hier ist Videoüberwachung gesetzlich zulässig (§ 6b Absatz 3 Satz 2).

- nicht-öffentlich bzw. privat
  Videoüberwachung gehört in Deutschland zum täglichen Leben. In Banken, Kaufhäusern, Läden und sogar an Haustüren finden sich heute Kameras. Im privaten Bereich ist oft auch Fassadenschutz und die Dokumentation und Auswertung von Regelabweichungen (z. B. die Überwachung von Industrieanlagen) von Interesse. Generell ist Videoüberwachung im privaten Bereich nur zulässig, wenn sie zur Wahrung des Hausrechts oder einem anderen berechtigten Interesse notwendig ist (§ 6b Absatz 1 Satz 2 BDSG).

2.4 Rechtliche Hintergründe

Die rechtliche Grundlage für den Einsatz von Videoüberwachungsanlagen liefert das Bundesdatenschutzgesetz (BDSG). Deutschland verfügt über eines der strengsten Datenschutzgesetze in Europa. Das weltweit erste Datenschutzgesetz wurde 1970 in Hessen verabschiedet, 1977 folgte das BDSG [Pri04]. Das BDSG gilt im öffentlichen Bereich des Bundes, nicht aber für die Länder und Kommunen. Für diese gilt das jeweilige Landesdatenschutzgesetz. Das BDSG gilt außerdem für Unternehmen der Wirtschaft, Auskunfteien und Marktforschungsinstitute [bmia].
Grundlegend für den Anwendungsbereich wird formuliert (Auszug) [BDS]:

§ 1 Zweck und Anwendungsbereich des Gesetzes

(1) Zweck dieses Gesetzes ist es, den Einzelnen davor zu schützen, dass er durch den Umgang mit seinen personenbezogenen Daten in seinem Persönlichkeitsrecht beeinträchtigt wird.

(2) Dieses Gesetz gilt für die Erhebung, Verarbeitung und Nutzung personenbezogener Daten durch

1. öffentliche Stellen des Bundes, 2. öffentliche Stellen der Länder, soweit der Datenschutz nicht durch Landesgesetz geregelt ist und soweit sie a) Bundesrecht ausführen oder b) als Organe der Rechtspflege tätig werden und es

sich nicht um Verwaltungsangelegenheiten handelt, 3. nicht-öffentliche Stellen, soweit sie die Daten unter Einsatz von Datenverarbeitungsanlagen verarbeiten, nutzen oder dafür erheben oder die Daten in oder aus nicht automatisierten Dateien verarbeiten, nutzen oder dafür erheben, es sei denn, die Erhebung, Verarbeitung oder Nutzung der Daten erfolgt ausschließlich für persönliche oder familiäre Tätigkeiten.

Die unabdingbaren Rechte des Betroffenen werden in § 6 formuliert. In § 6b speziell in Bezug auf die „Beobachtung öffentlich zugänglicher Räume mit optisch-elektronischen Einrichtungen" (§ 6 BDSG):

§ 6b Beobachtung öffentlich zugänglicher Räume mit optisch-elektronischen Einrichtungen

(1) Die Beobachtung öffentlich zugänglicher Räume mit optisch-elektronischen Einrichtungen (Videoüberwachung) ist nur zulässig, soweit sie 1. zur Aufgabenerfüllung öffentlicher Stellen, 2. zur Wahrnehmung des Hausrechts oder 3. zur Wahrnehmung berechtigter Interessen für konkret festgelegte Zwecke erforderlich ist und keine Anhaltspunkte bestehen, dass schutzwürdige Interessen der Betroffenen überwiegen.

(2) Der Umstand der Beobachtung und die verantwortliche Stelle sind durch geeignete Maßnahmen erkennbar zu machen.

(3) 1. Die Verarbeitung oder Nutzung von nach Absatz 1 erhobenen Daten ist zulässig, wenn sie zum Erreichen des verfolgten Zwecks erforderlich ist und keine Anhaltspunkte bestehen, dass schutzwürdige Interessen der Betroffenen überwiegen. 2. Für einen anderen Zweck dürfen sie nur verarbeitet oder genutzt werden, soweit dies zur Abwehr von Gefahren für die staatliche und öffentliche Sicherheit sowie zur Verfolgung von Straftaten erforderlich ist.

(4) Werden durch Videoüberwachung erhobene Daten einer bestimmten Person zugeordnet, ist diese über eine Verarbeitung oder Nutzung entsprechend den §§ 19a und 33 zu benachrichtigen.

(5) Die Daten sind unverzüglich zu löschen, wenn sie zur Erreichung des Zwecks nicht mehr erforderlich sind oder schutzwürdige Interessen der Betroffenen einer weiteren Speicherung entgegenstehen.

Nach § 6b Absatz 2 BDSG muss also die Videoüberwachung erkennbar sein. Das bedeutet, sofern sie nicht für jeden sichtbar ist, hat der Betreiber der Kameras darauf hinzuweisen. Außerdem muss sich Videoüberwachung auf gefährdete Bereiche beschränken. Somit bindet diese Vorschrift den zulässigen Einsatz von Videotechnik an bestimmte Voraussetzungen. Nach der Aufzeichnung von Informationen ist für den Betroffenen wichtig, dass diese Daten nicht unsachgemäß genutzt und somit zweckentfremdet werden. Weiter ist eine schnellstmögliche Löschung der Informationen von Interesse. Eine genauere weitere Analyse des BDSG wäre an dieser Stelle zu umfangreich und betrifft auch mehr den Datenschutz im Allgemeinen als die Videoüberwachung im Speziellen.

Zum Schutz der Betroffenen muss jede öffentliche und nicht-öffentliche Stelle, insbesondere also auch jedes Unternehmen, einen Datenschutzbeauftragten bestellen (§ 4f BDSG). Seine Aufgabe ist die Überwachung der Einhaltung der Datenschutzbestimmungen allen Betroffenen gegenüber. In jüngster Zeit muss sich der jeweilige Datenschutzbeauftragte immer mehr auch mit der Tatsache beschäftigen, dass Videokameras an den Arbeitsplätzen der Mitarbeiter installiert werden. Dies geschieht normalerweise aufgrund von Schutzzwecken (Bankschalter, Kaufhaus), doch auch eine Überwachung der Arbeitsmoral der Mitarbeiter wäre theoretisch denkbar. Der Datenschutzbeauftragte muss auch hier sicherstellen, dass die Rechte jedes Einzelnen gewahrt bleiben.

Zur Wahrung der Sicherheit auf Bahnhöfen und Flughäfen, in und um Objekte, sowie an Bundesgrenzen, befinden sich in § 27 Bundespolizeigesetz (BPolG) [BPo] detaillierte Regelungen zum Einsatz von Videoüberwachungsanlagen durch die Bundespolizei. Die polizeiliche Videoüberwachung ist Ländersache und in Baden-Württemberg im Polizeigesetz (PolG) § 21 Abs. 3 und 4 geregelt (Auszug) [Pola]:

> (3) Der Polizeivollzugsdienst und die Ortspolizeibehörden können zur Abwehr von Gefahren, durch die die öffentliche Sicherheit bedroht wird, oder zur Beseitigung von Störungen der öffentlichen Sicherheit die in § 26 Abs. 1 Nr. 2 genannten Orte, soweit sie öffentlich zugängliche Orte sind, offen mittels Bildübertragung beobachten und Bildaufzeichnungen von Personen anfertigen.
>
> (4) Bild- und Tonaufzeichnungen sind unverzüglich, spätestens jedoch nach zwei Monaten zu löschen, soweit sie im Einzelfall nicht zur Verfolgung von Straftaten oder von Ordnungswidrigkeiten, zur Geltendmachung von öffentlich-rechtlichen Ansprüchen oder nach Maßgabe des § 2 Abs. 2 zum Schutz privater Rechte, insbesondere zur Behebung einer bestehenden Beweisnot, erforderlich sind. Bildaufzeichnungen nach Absatz 3 sind nach 48 Stunden zu löschen, soweit nicht die Voraussetzungen für eine Verwendung nach Satz 1 vorliegen.

Besonders die Einhaltung der rechtlichen Pflicht, die aufgezeichneten Daten innerhalb von 48 Stunden wieder zu löschen, wird von vielen Seiten bezweifelt.

2.5 Folgen der Videoüberwachung

Der Bundesbeauftragte für den Datenschutz und die Informationsfreiheit Peter Schaar tritt dafür ein [bfd], dass selbst bei einem verstärkten Einsatz der Videotechnik die

Balance zwischen den Bürgerrechten und den Belangen der öffentlichen Sicherheit gewahrt bleiben muss; der Einsatz von Videotechnik darf nicht zur Totalüberwachung aller Bürger führen.

Personalsubstitution durch Kameras
Eine schwerwiegende Folge der Videoüberwachung ist unter anderem die Substitution von Personal durch Videokameras. Da die Investition in effektive Videotechnik sehr teuer ist, wird sie leider häufig durch Einsparungen bei den Personalkosten finanziert. Eigentlich werden z. B. herrenlose Koffer, die eventuell eine Bombe beinhalten, durch Personal effektiver entdeckt als durch Monitoring per Videokamera. Die Kofferbomber von Koblenz bzw. Dortmund 2006 wurden zwar mit Hilfe von Kameraaufzeichnungen ausfindig gemacht [bfd07b, S. 40], aber erst nachdem Sicherheitskräfte in tagelanger Arbeit das vorhandene Videomaterial analysiert hatten. Möglicherweise wäre mehr Personal auf den Bahnhöfen deutlich schneller auf die herrenlosen Koffer aufmerksam geworden und man hätte die Analyse des Videomaterials - durch Einschränkung des zu überprüfenden Zeitraums - effektiver durchführen können. Schaar betont, dass die Vorbeugung von Anschlägen mittels Personal deutlich effektiver ist als durch Videoüberwachung [bfd06]. Der Personalersatz durch Videoüberwachung zeigt sich auch schon bei der Polizei. Sowohl Bundes-, als auch Landespolizei haben Stellen abgebaut; vielerseits wird vermutet, dass dies auch auf den zunehmenden Einsatz der Videoüberwachung zurückzuführen ist, da die Arbeit durch Videoüberwachung unterstützt wird. So wurde aber bei unerwarteten Großeinsätzen schon festgestellt, dass zu wenig Personal aktuell im Dienst war um einen sicheren und erfolgreichen Einsatz zu gewährleisten (vgl. [ZV07] und [Polb, S. 12]).

Technische Schutzmöglichkeiten
„Videoüberwachung an Kriminalitätsbrennpunkten ist rechtmäßig" [Inn03], so die Pressemitteilung des Innenministeriums Baden-Württemberg vom 21. Juli 2003. Videoüberwachung ist ein Beitrag zum verbesserten Sicherheitsgefühl der Bevölkerung. Jedoch muss man den rechtmäßigen Gebrauch von Videotechnik sicherstellen und ungesetzlich durchgeführte Videoüberwachung verfolgen. Beispielsweise kann man durch Software im Schwenkbereich einer Kamera bestimmte räumliche Bereiche konfigurieren, die dann automatisch geschwärzt werden. So wird etwa die Privatsphäre eines angrenzenden Privathauses gewahrt [Kla07, S. 124].

Der Bundesbeauftragte für den Datenschutz hat ein Schutzprofil veröffentlicht, das bestimmte technisch-organisatorische Anforderungen an Videoanlagen stellt. Durch das „Common Criteria Protection Profile" soll sowohl ein Mindestmaß an Gesetzeskonformität - was den Datenschutz angeht - gewährleistet werden, als auch eine anwenderfreundliche Bedienung der IT-Sicherheit moderner Videoüberwachungsanlagen möglich sein. Es werden Mindestanforderungen an die Software gestellt, die bei der Verarbeitung von personenbezogenem Videomaterial eingehalten werden sollen [bfd07a]. Unter anderem sind dies:

- automatisches Löschen der Daten nach der zulässigen Speicherdauer
- Auswertungs- und Löschungsvorgänge protokollieren
- Integrität, Authentizität und Vertraulichkeit der Bilddaten gewährleisten
- Gebot der Datensparsamkeit und -vermeidung achten

Aufklärung der Bevölkerung und öffentliche Diskussion

Es ist wichtig, dass sich die Bevölkerung über die Ausmaße der Videoüberwachung bewusst wird. Zum einen ist selbstständiges Informieren notwendig, zum anderen sollte die Bundesregierung Aufklärungskampagnen starten, um eine umfangreiche öffentliche Diskussion anzuregen. Anders können wir uns nicht vor einer unbemerkten Ausbreitung der (Video-) Überwachung schützen.

2.6 Big brother is watching you - Beispiele

Mannheim

In Mannheim wurden 2001 an öffentlichen Plätzen in der Innenstadt Videokameras zur Überwachung installiert, was an diesen Plätzen mit hoher Kriminalität zu einem deutlichen Rückgang der Delikte geführt hat [Man07]. Unter anderem durch die Rechtfertigung der Videoüberwachung in Mannheims Innenstadt mit dem Begriff „virtuelle Polizeistreife" war die Akzeptanz in der Bevölkerung hoch. Ein Jahr nach Einführung der Videoüberwachung haben im April 2002 85 Prozent der Befragten der Videoüberwachung zugestimmt. Ziel der Mannheimer Polizei war es, drei Minuten nach Monitorisierung der Tat am Ort des Geschehens zu sein. Im Schnitt haben sie 3,1 Minuten benötigt.Auch die datenschutzrechtlichen Bestimmungen wurden eingehalten. Nach 48 Stunden wurde das aufgezeichnete Material gelöscht, sofern es nicht zur Strafverfolgung herangezogen werden musste. [Man07]

Mannheim konnte durch die Videoüberwachung einen deutlichen Rückgang der Kriminalität erreichen. Zusätzlich konnten durch Sequenzen der Videokameras auch Ladendiebstähle aus umliegenden Läden aufgeklärt werden. In Mannheim wird gegenwärtig über eine Fortsetzung der polizeilichen Videoüberwachung der Innenstadt angesichts einer rückläufigen Kriminalitätsentwicklung diskutiert.

Heilbronn

Vom 1. Juli 2002 bis 1. Oktober 2005 wurde in Heilbronn ein Teil der Sülmer City (die Fußgängerzone in der Innenstadt) mit hohem kriminalistischen Potential mit Videokameras polizeilich überwacht. Durch starken Rückgang der Kriminalität in der Sülmer City entfiel Ende 2005 allerdings die rechtliche Voraussetzung für eine Weiterführung der Videoüberwachung [Lanb].

Hamburg

Der Hamburger Innensenator Udo Nagel will die Videoüberwachung in Hamburg aufstocken, „Die Videoüberwachung ist als Baustein für die Sicherheit in Hamburg nicht mehr wegzudenken" [Jüt07]. Doch kommt es trotz vorhandener Videoüberwachung zu aggressiven Gewaltdelikten. Problematisch ist hauptsächlich die ansteigende Zahl von gewaltsamen Auseinandersetzungen zwischen feindseligen Gruppen. Diese Auseinandersetzungen entstehen durch extreme Aggressionen - darum lassen sich solche Gruppen von Kameras nicht abschrecken. Die zahlenmäßig angestiegene Kriminalität wird von offizieller Seite mit der Tatsache begründet, dass durch die Unterstützung der Kameras deutlich mehr Delikte überhaupt entdeckt und verfolgt werden können.

Die Mitarbeiter der Polizei selbst beklagten, dass die relativ teure Videoüberwachung teilweise durch Personaleinsparungen finanziert wird. Einsätze, bei denen größere Gruppen zu bändigen sind, können dadurch zu einem gefährlichen Unterfangen werden [ZV07]. Hier wird deutlich, dass Videoüberwachung kein Personalersatz sein darf.

Hallenbad in Freiburg

Ein Freiburger Hallenbad hat mit Videokameras in Umkleideräumen versucht, einer Vielzahl von Schrankaufbrüchen mit teilweise weitgehenden Folgen (mittels entwendeter PKW-Schlüssel wurden auch Fahrzeuge vom Parkplatz gestohlen) zu begegnen. Dabei wurde der Umkleidebereich mit den Schränken durch Kameras überwacht. [Lana] Das Personal konnte diese Aufzeichnungen nicht permanent einsehen. Nur bei einem tatsächlich geschehenen Delikt konnte ausschließlich der Betriebsleiter des Bades im Beisein der Polizei die Videosequenzen einsehen. In der Umkleidekabine wurde auf die Überwachung hingewiesen. Trotzallem ist die Aufzeichnung in einer Umkleidekabine eine zu einschneidende Maßnahme in die Intimsphäre und die Persönlichkeitsrechte eines Menschen. Durch den Landesbeauftragten für den Datenschutz Baden-Württemberg wurde eine Abschaltung der Kameras bis zur rechtlichen Klärung erzwungen. Eine denkbare Lösung ist die räumliche Trennung von Umkleide- und Schrankbereich und der Hinweis auf die Überwachung der Kleiderschränke [Lanc].

Großbritannien

Die Entwicklung der Videoüberwachung begann in Großbritannien deutlich früher als in anderen Ländern Europas. Mittlerweile befinden sich 20 Prozent aller Überwachungs-kameras weltweit in Großbritannien (ca. 4,2 Millionen) [Rah]. Die Anschläge der IRA haben seit den 70er Jahren zu einem verstärkten Einsatz von Videokameras geführt.

Um der Bevölkerung Sicherheit zu geben, wurden immer mehr Kameras installiert [Rah]. In Großbritannien kann die Videoüberwachung durchaus als flächendeckend bezeichnet werden. Beispielsweise stieg in der Londoner U-Bahn die Zahl der Kameras zwischen 1989 und 1995 von acht auf über 5000 an. Mittlerweile findet man dort sogar 8500 Kameras[3]. Dagegen sind es in der Münchner U-Bahn heute erst ca. 650 Kameras [Kla07, S. 123]. Aufgrund der extremen Überwachungssituation in Großbritannien werden dort umfangreiche Studien durchgeführt, welche Auswirkungen (vorallem psychologische) Videoüberwachung auf die Menschen hat.

2.7 Effekte der Videoüberwachung

Die Lebensräume der gesamten Bevölkerung können durch Videoüberwachung sicherer gemacht werden. Vorallem für den sehr angreifbaren Teil der Bürger, z. B. alte Menschen und Kinder, besteht ein Bedarf an Schutzmaßnahmen. Natürlich wird die Kriminalität durch Überwachung nicht präventiv behandelt, sondern eher an andere Orte verschoben. Institutionen, die Videoüberwachung einsetzen, argumentieren für deren Berechtigung - die Senkung der Kriminalität vor Ort wird durch die Videoüberwachung begründet. Die Gegenseite betont daraufhin den Aspekt, dass Orte beleuchtet werden müssen, um sinnvolle Videoüberwachung möglich zu machen. Dadurch wird in Frage gestellt, ob die Kriminalität (nur) aufgrund der Videoüberwachung gesunken ist, denn an einem gut beleuchteten Ort sinkt die Kriminalität nachweislich ohne Einsatz von Kameras schon um bis zu 20 Prozent [Rah].

Der Personalersatz durch Videoüberwachung bei Polizei und Sicherheitsdiensten ist problematisch. Interessant ist in diesem Zusammenhang die Formulierung der Mannheimer Polizei der Videokameras als „virtuelle Streife". Dies macht Sinn im Rahmen zusätzlicher Unterstützung der Polizeiarbeit bei Gefahrenabwehr und Strafverfolgung in gefährdeten oder gefährlichen Bereichen. Bei einem ernsthaften Einsatz darf jedoch kein Beamter zu wenig vor Ort sein. Bei ungeplanten Großeinsätzen wird jedoch immer öfter festgestellt, dass zuwenige Beamten für einen erfolgreichen Einsatz im Dienst sind. An einsamen Orten bietet die einschüchternde Wirkung der Kameras dem Kassenpersonal Schutz vor Überfällen, beispielsweise an entlegenen Tankstellen.

---

[3]Email am 14.06.2007 von Frau Margaret McDonagh vom Head of Information Access and Compliance der London Underground

Wenn Videoüberwachung offen an Orten mit hohem Kriminaltitätspotential eingesetzt wird, kann sie die Kriminalitätshäufigkeit mindern und zur Aufklärung von Straftaten beitragen sowie das Sicherheitsgefühl der Bevölkerung deutlich stärken [bmid].

2.8 Kritik

Die Videoüberwachung dient vorrangig der Täterermittlung, nicht der Prävention. Grundsätzlich sollte jedoch die Präventionsarbeit im Vordergrund stehen, um die Menschen vor Übergriffen zu schützen. Die Arbeit der Sicherheitskräfte auf Täterermittlung zu konzentrieren, erscheint moralisch bedenklich, denn dann gab es bereits Geschädigte [Wik07].

Bei der Sammlung von Daten besteht die Gefahr, dass nicht nur die Stelle darauf zugreift, die rechtlich zu der Sammlung befugt ist. Beispielsweise könnte man die Kameraaufzeichnungen in einem Kaufhaus dazu verwenden, um das Konsumentenverhalten zu analysieren. Somit besteht die Möglichkeit, dass rein wirtschaftliche Interessen verfolgt werden, wenn das aufgezeichnete Material in falsche Hände gerät. Es ist also nicht klar, wer auf die aufgezeichneten Daten wirklich Zugriff hat.

Die Rechnung, Personal einzusparen und Videoüberwachung anstelle dessen einzurichten, geht nicht auf. Man benötigt ein gutes Sicherheitskonzept, in welches die Videoüberwachung sinnvoll eingebunden wird. Sonst kann der Mangel an Personal fatale Folgen haben - wenn beispielsweise die Polizei aufgrund zahlenmäßiger Unterlegenheit nicht durchgreifen kann.

Personen, die Videotechnik zur Überwachung einsetzen, machen sich häufig keine Gedanken, ob die rechtliche Grundlage für die Anwendung der Videoüberwachung überhaupt gegeben ist [Lanc]. Darüber hinaus herrscht auf dem Gebiet des gesetzeskonformen Einsatzes von Videoüberwachung große Unwissenheit. Somit müssen Verstöße gegen das Bundesdatenschutzgesetz, in diesem Fall also unrechtmäßige Videoüberwachung, stärker verfolgt und bestraft werden. In Falle der Videoüberwachung in Mannheim wird beispielsweise momentan geprüft, ob die rechtliche Grundlage für die Überwachung noch gegeben ist [Ebe19]. Durch den starken Rückgang der Kriminalität an den überwachten Plätzen, muss die Videoüberwachung gegen den Willen der Stadt vermutlich eingestellt werden - wie in Stuttgart und Heilbronn schon geschehen. Das Problem ist die Interpretation wann bzw. wo notwendige„Abwehr von Gefahren, durch die die öffentliche Sicherheit bedroht wird"[4]existiert und wann bzw. wo nicht (mehr).

---

[4]Polizeigesetz Baden-Württemberg (PolG) §21 Abs. 3

Videoüberwachung hat einen großen Einfluss auf uns als Beobachtete. Die Verhinderung von Gewalt und Kriminalität ist in gewissen Konstellationen eine erwünschte Folge. Es liegt nah, Videoüberwachung mit Attrappen vorzutäuschen, um so ohne große Kosten die positiven, erwünschten Folgen von Videoüberwachung nutzen zu können. Häufig wird davon ausgegangen, dass beim Einsatz von Attrappen keine Gesetze beachtet werden müssen. Natürlich fallen diese Kameranachbildungen und deren gesetzesmäßiger „Einsatz" nicht unter das BDSG, da mit ihnen offensichtlich keine Daten aufgezeichnet, verarbeitet, etc. werden können. Trotzallem stellt die Anbringung einer solchen Attrappe einen unzulässigen Eingriff in die Persönlichkeitsrechte der betroffenen Personen dar. Die Betroffenen dürfen nicht im Ungewissen darüber gelassen werden, ob und wer über sie Daten sammelt. Eine vorgetäuschte Videoüberwachung beeinträchtigt das Recht der Betroffenen auf informationelle Selbstbestimmung in gleicher Weise wie eine funktionierende Videoüberwachung, weil sie Einfluss auf die Verhaltensweise der Personen nimmt, die in den - vermeintlichen - Erfassungsbereich der Attrappe geraten.

Ohne unmittelbaren Anlass wird eine Vielzahl von Personen überwacht [bfd07b, S. 40]. Der Einsatz von Videoüberwachung und deren Nutzen für die öffentliche Sicherheit müssen in angemessenem Verhältnis zu den Freiheitsrechten stehen. Eine flächendeckende Videoüberwachung darf es nicht geben. Sie würde das Sozialverhalten der Menschen in unvertretbarer Weise beeinflussen.

3 Der biometrische Reisepass - ePass

3.1 Allgemeines

Auf internationaler Ebene hat man sich zum Ziel gesetzt, die Bindung zwischen dem Reisepass und seinem Inhaber sowie die Fälschungssicherheit der Reisepässe zu erhöhen. In Deutschland wurde der biometrische Reisepass zum 1.Juni 2005 eingeführt und seit dem 1.November 2005 ausgegeben. Man hat den Wunsch nach einem absolut täuschungs- und fälschungssicherem Ausweisdokument, das die eindeutige Identifikation bzw. Verifikation einer Person möglich macht. Momentan wird der neue biometrische Reisepass der ersten Stufe ausgegeben, der auf dem integrierten Chip das digitalisierte Gesichtsbild enthält; ab November 2007 werden in der zweiten Stufe auch die Fingerabdrücke (rechter und linker Zeigefinger) aufgenommen [bmib]. Die alten Reisepässe behalten ihre zehnjährige Gültigkeit, ebenso wie die Reisepässe der ersten Stufe. Ein biometrischer Pass, dessen Chip beschädigt ist und nicht mehr auslesbar ist, behält ebenfalls seine Gültigkeit [bsid].

Die Einführung dieses elektronisch lesbaren Reisepasses birgt jedoch auch Risiken, nicht nur für den Datenschutz.

3.2 Das Neue am ePass

Der ePass enthält alle Merkmale des bisherigen deutschen Reisepasses. Zusätzlich kommt ein kontaktloser Chip (RFID-Chip, siehe Abschnitt3.3.1) dazu. Der Chip dient zur Speicherung der biometrischen Daten (Gesichtsbild und Fingerabdrücke) und zur Übertragung dieser Daten an ein Lesegerät. Außerdem sind auf dem Chip auch „gewöhnliche" Informationen wie Wohnort und Geburtsdatum gespeichert [bmib]. Durch den integrierten Chip ist es möglich, elektronisch zu überprüfen, ob der Nutzer des Reisepasses auch tatsächlich der Inhaber ist.
Bei der Beantragung ändert sich für den Bürger im Grunde nichts, nur muss nun ein frontal aufgenommenes Gesichtsbild verwendet werden. Für die Pässe der zweiten Stufe werden dann zusätzlich die Fingerabdrücke digitalisiert. Der ePass ist teurer als der bisherige Pass: mit zehnjähriger Gültigkeit kostet er 59 EUR, für Bürger unter 26 Jahren (fünfjährige Gültigkeit) 37,50 EUR [bmib].

3.3 Technische Grundlagen

3.3.1 RFID

RFID[1] ist ein Verfahren zur automatischen Identifizierung von Objekten über Funk. Ein RFID- System besteht im Wesentlichen aus zwei Komponenten - dem Transponder und dem Lesegerät [Fin02, S. 7]. Der Transponder ist der eigentliche Datenträger, auf dessen Mikrochip man die Daten speichert. Dieser Transponder kommuniziert mit der Außenwelt über sein Koppelelement (Spule oder Antenne). In RFID-Systemen werden entweder passive (ohne eigene Stromversorgung) oder aktive (mit eigener Stromversorgung) Transponder verwendet, was auch grundsätzlich das Hauptunterscheidungsmerkmal der Transponder darstellt. Transponder werden im Sprachgebrauch häufig einfach als „Tag" bezeichnet.

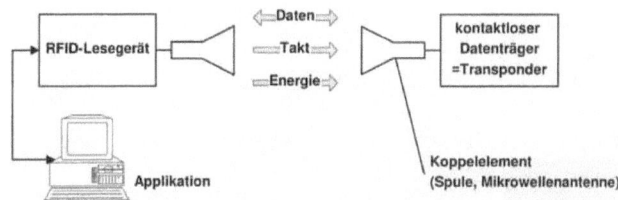

Abbildung 3.1: Funktionsweise RFID - Quelle: [Fin02, S. 7]

Beim ePass ist der Transponder (der RFID-Chip) im Passdeckel eingearbeitet und enthält unsere persönlichen Daten. Der im Chip integrierte Mikroprozessor hat die Funktion die Sicherheit beim Auslesen zu gewährleisten. Für den ePass werden Chips der Halbleiterhersteller Infineon und Philipps mit 64 kB bzw. 72 kB verwendet. Die Mikroprozessoren plus einem kryptographischen Koprozessor gelten als hochsicher. Die RFID-Chips im Reisepass arbeiten mit einer Frequenz von 13,56 MHz. [ICA04a, S. 12]

Der Vorteil von RFID Chips gegenüber anderen Chiptechniken liegt unter anderem in der Möglichkeit des kontaktlosen Auslesens, der Benutzerfreundlichkeit, der Datenkapazität und der Beständigkeit gegen Nässe und Schmutz [ICA04b, S. 35].

Es gibt verschiedene Möglichkeiten, um RFID-Systeme zu klassifizieren. Für die Funktionen des Chips im ePass ist die Fähigkeit der Informations- und Datenverarbeitung sowie die Größe des verfügbaren Datenspeichers im Transponder entscheidend (siehe Abbildung 3.2).

---

[1]Radio Frequency Identification

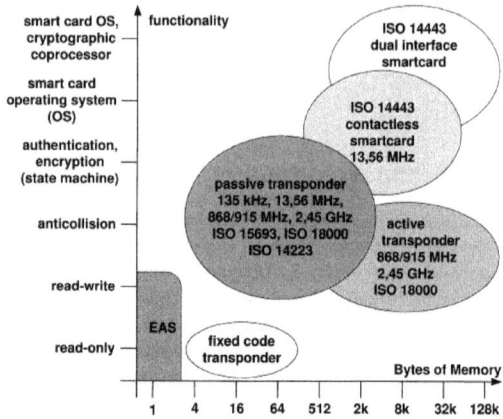

Abbildung 3.2: RFID-Systeme - Quelle: [Fin02, S. 24]

Nach diesen Kriterien kann man drei Systeme unterscheiden:

- Low-End-Systeme
  In diesen Systemen wird lediglich geprüft, ob sich ein Transponder im Ansprechbereich eines Lesegeräts befindet.
  Die Transponder solcher Systeme beinhalten einen festen Datensatz, in der Regel eine mehrere Bytes lange Seriennummer. Bringt man diesen Read-Only-Transponder in das Hochfrequenzfeld eines Lesegerätes, wird er aktiviert und sendet permanent seine Seriennummer an das Lesegerät. Low-End- oder Read-Only-Systeme finden ihren Einsatzbereich dort, wo man nur wenige Daten benötigt oder Strichcodesysteme ersetzt werden sollen: für elektronische Artikelsicherungssysteme in Kaufhäusern, zur Identifikation von Waren oder Tieren oder zur Steuerung von Warenflüssen (im Lager, Koffertransport am Flughafen) [Fin02, S. 24].

- Systeme mit beschreibbarem Datenspeicher
  Die Transponder dieser Systeme können einfache Befehle des Lesegerätes zum Lesen und Schreiben des Datenspeichers annehmen. Die Speichergrößen der Chips variieren zwischen wenigen Bytes bis über 100 kByte. In diesen Systemen können auch kryptologische Verfahren (Authentifizierung zwischen Lesegerät und Transponder) sowie Datenverschlüsselungsverfahren angewendet werden. Diese Systeme können auf allen Frequenzen, die für RFID zur Verfügung stehen, betrieben werden [Fin02, S. 24].

- High-End-Systeme

Die Transponder dieser Systeme enthalten einen Mikroprozessor und ein Chipkarten Betriebssystem (smart-card OS). Mit Hilfe des Mikroprozessors lassen sich komplexere Algorithmen für die Verschlüsselung und Authentifizierung verwenden. Für High-End-Systeme werden je nach Anwendungsgebiet auch Dual-Interface-Chipkarten eingesetzt. Sie sind mit einem kryptographischen Coprozessor ausgestattet, der eine hohe Verkürzung der Rechenzeiten ermöglicht. Diese Systeme finden Anwendung im ePass, bei Ticketingsystemen oder elektronischen Börsensystemen [Fin02, S. 25].

3.3.2 Biometrie

„Biometrie" ist ableitbar aus „Bios" (das Leben) und Métron" (das Maß). Generell versteht man unter „Biometrie" auch „die (Lehre von der) Anwendung mathematischer Methoden zur zahlenmäßigen Erfassung, Planung und Auswertung von Experimenten in Biologie, Medizin und Landwirtschaft" [Kra05].
Biometrische Merkmale sind somit beim Menschen messbare, individuelle Merkmale des Körpers. Idealerweise sind dies Merkmale, die sich im Laufe des Lebens eines Menschen nicht oder nur geringfügig ändern. Mit Hilfe dieser Merkmale lässt sich ein Mensch (eindeutig) identifizieren. Biometrische Verfahren sollen die Authentisierung von Personen mittels Wissen (z. B. ein Passwort) oder über einen speziellen Besitz (z. B. Autoschlüssel) langfristig ablösen.
Folgende Kriterien helfen bei der Feststellung, ob ein bestimmtes Körpermerkmal für das biometrische Verfahren geeignet ist [BCP+04, S. 5]:

- Einzigartigkeit: das Merkmal sollte bei jedem Menschen unterschiedlich ausgeprägt sein

- Universalität: jeder Mensch sollte dieses Merkmal besitzen

- Haltbarkeit: das Merkmal sollte sich im Zeitverlauf nicht verändern

- Messbarkeit: das Merkmal sollte technisch möglichst einfach messbar sein

- Benutzerfreundlichkeit: das Merkmal sollte für den Benutzer bequem messbar sein

Diesen Kriterien entsprechen unter anderem: Fingerabdruck, Gesichtsgeometrie, Handgeometrie, Fingergeometrie, Augeniris, Augenretina, Ohrform, Stimme und die Venenstruktur der Handrückfläche. Mit diesen biometrischen Merkmalen läßt sich die biometrische Authentisierung von Personen realisieren.

Biometrische Authentisierung

Biometrische Merkmale werden immer stärker zur Personenidentifikation eingesetzt. Diente bisher häufig der Besitz eines Objektes (Ausweis oder Schlüssel) zur Identifikation, so erhofft man sich zukünftig dank der Entwicklung der notwendigen Techniken eine fälschungssichere Identifikation des Subjektes Mensch mittels der (subjektspezifischen) biometrischen Merkmale. Beim ePass sind die Gesichts- und die Fingerabdruckerkennung von Bedeutung.

Grundlegende Begriffe der biometrischen Authentisierung

Bei der *Erfassung* unterscheidet man die *passive* und die *aktive* Erfassung. Die passive beschreibt die Erfassung „im Vorbeigehen" (z. B. durch eine Kamera), die aktive die Erfassung durch Handlung der zu erfassenden Person selbst (z. B. durch Fingerabdruckabgabe) [bsia].

Unter *Identifikation* (siehe Abbildung 3.3) versteht man die Feststellung der Identität der Person (Wer ist das?). Man vergleicht also das biometrische Merkmal mit allen in der Referenzdatei des Systems vorhandenen Mermalen → 1:n-Vergleich

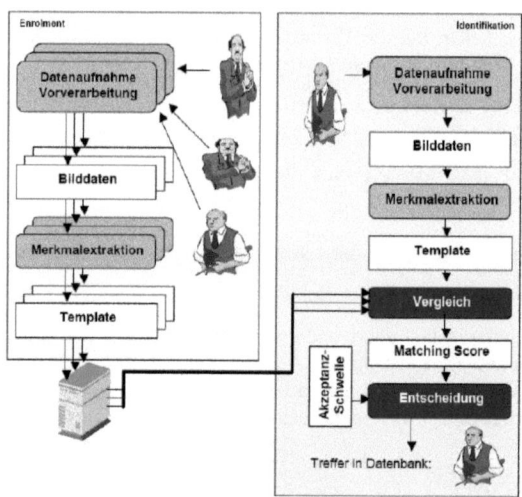

Abbildung 3.3: Ablauf Identifikation - Quelle: [bsia, S. 3]

Unter *Verifikation* (siehe Abbildung 3.4) versteht man die Bestätigung der Identität einer Person (Ist das die Person, die sie vorgibt zu sein?). Hier ist dem System die Identität bekannt und es muss nur das biometrische Merkmal der vorhandenen Identität mit dem Merkmal der aktuell anwesenden Person verglichen werden → 1:1-Vergleich

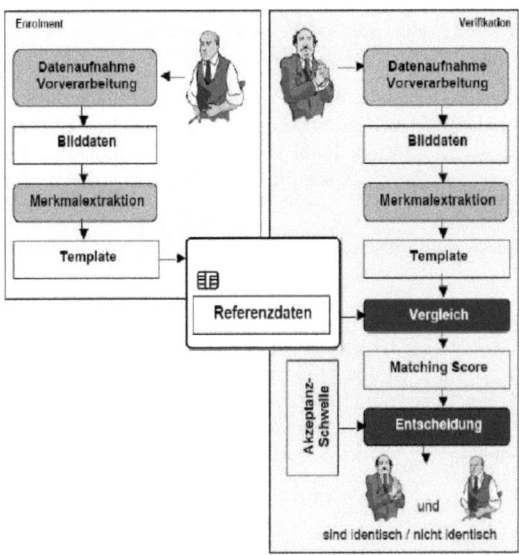

Abbildung 3.4: Ablauf Verifikation - Quelle: [bsia, S. 2]

Ein *biometrisches System* vergleicht die erfassten biometrischen Daten einer Person mit zuvor erfassten Referenzdaten, um die Identität der Person festzustellen (Identifikation) oder die vorgegebene Identität zu bestätigen bzw. zu widerlegen (Verifikation) [bsia].

Bei der *Datenaufnahme* in einem biometrischen System wird mit einem Sensor ein Bild des biometrischen Merkmals aufgenommen und weiterverarbeitet. Mittels *Merkmalsextraktion* werden aus dem Bild die biometrischen Merkmale extrahiert, die als *template* (Merkmalsverktor) gespeichert werden.

Beim *Enrollment*-Prozess werden zu jedem neuen Template noch weitere Daten der Person (Name, Adresse, etc.) gespeichert bzw. hinterlegt und so die Referenzdatenbank um eine Person erweitert. Die in dieser Datenbank enthaltenen Referenztemplates werden bei der Identifikation eines Gesichts zum Vergleich herangezogen. In einem biometrischen System müssen also immer die Schritte Datenaufnahme, Datenverarbeitung und Merkmalsextraktion durchgeführt werden. Beim Identifikations- beziehungsweise Verifikationsvorgang werden diese Schritte mit den biometrischen Daten der aktuellen Person gegangen, ein Template erzeugt und dieses Template wird mit allen Templates der Referenzdatenbank verglichen. Hierbei kommt es dann zum *match* (Akzeptanz, d. h. übereinstimmendes Template vorhanden bzw. ist die vorgegebene Person) oder *non-match* (Rückweisung, d. h. keine Übereinstimmung gefunden bzw. ist nicht die vorgegebene Person).

Die Rechenzeit, die bei der Identifikation benötigt wird (1:n-Vergleich), ist momentan noch problematisch. Beim Identifikationsprozess ist es die Zahl der Vergleiche, die die Geschwindigkeit des Systems limitiert. Beim Verifikationsprozess ist durch den 1:1-Vergleich die Erkennungsgeschwindigkeit lediglich durch die Rechenzeit des verwendeten Algorithmus limitiert [bsia].

Für den ePass sind zwei biometrische Erkennungssysteme von Bedeutung:

Gesichtserkennung

Bei der Gesichtserkennung lokalisiert eine Erkennungssoftware das Gesicht durch exakte Positionierung der Augen und berechnet dann charakteristische Eigenschaften des Gesichts. Diese Eigenschaften sind in den verschiedenen Systemen unterschiedlich, meist werden aber die Augenhöhlen, Wangenknochen und die Seitenbereiche des Mundes verwendet. Bei diesem Vorgang werden folgende Schritte durchlaufen:

1. Das Gesichtsbild einer Person wird passiv erfasst.

2. Die Erkennungssoftware sucht vor dem Bildhintergrund eine gesichtsähnliche Form.

3. Ist ein Gesicht vorhanden?
   Falls ja, werden die Augen lokalisiert; falls nein, bricht der Vorgang ab.

4. Von den Augen ausgehend werden weitere charakteristisch Eigenschaften des Gesichts gesucht.

5. Das festgestellte Gesichtsbild wird gedreht, gestreckt und gestaucht. Das Ziel dabei ist, dass die Augen auf allen Templates im selben Bildbereich liegen.

6. Die charakteristischen Daten werden mit einer mathematischen Formel codiert und komprimiert. → neues Template

Im Grunde wird dem lokalisierten Gesicht ein gewisses Gitternetz übergelegt und dieses einzigartige (gesichtsspezifische) Gitter wird dann personalisiert. Das berechnete Template ist bis zu 1300 Bytes groß [bsib].

Fingerabdruckerkennung

Die charakteristischen Mermale sind bei den Fingern die *groben* Merkmale (Schleifen, Bögen und Windungen des Fingerabdrucks), die *feinen* Merkmale (Minuzien) und die Porenstruktur [BCP+04]. Minuzien ergeben sich aus dem Vorhandensein von Endungen und Verzweigungen, das heißt man spricht von den Unterbrechungen der Papillarleisten. Nach der Ermittlung der groben Merkmale mit Hilfe eines Sensors wird der Fingerabdruck vergrößert und die Minuzien ermittelt. Durch die relative Position dieser Minuzien zueinander wird ein Fingerabdruck für die verwendeten Algorithmen einmalig und vergleichbar. Die Schritte zur Templateerstellung bei der Fingerabdruckerkennung sind vergleichbar mit denen bei der Gesichtserkennung.

3.4 Rechtliche Hintergründe

Der Rat der EU hat im Dezember 2004 verbindlich für alle Mitgliedsstaaten die Einführung eines neuen Reisepasses beschlossen. Die dazugehörige Verordnung hat zum Inhalt, dass biometrische Daten elektronisch im Reisepass gespeichert werden müssen [Eur], nämlich die des Gesichts (seit Mitte 2006) und die der Fingerabdrücke (ab Anfang 2008). Orientierung für das Vorgehen vor, während und nach der Einführung des elektronischen Reisepasses bieten dabei die Empfehlungen der ICAO[2]. Die ICAO verfolgt das langfristige Ziel, einen international anerkannten, interoperablen Reisepass zu entwickeln.

Durch die schnelle technologische Weiterentwicklung verstärkt sich die Forderung nach wirksamen rechtlichen Schutzmassnahmen, damit die der Biometrie und die der RFID-Technik inhärenten datenschutzrechtlichen Risiken vermindert werden können. Biometrische Daten, die zu öffentlichen Zwecken aufgrund gesetzlicher Verpflichtungen (z. B. bei Grenzkontrollen) erhoben und gespeichert werden, müssen streng von solchen differenziert werden, die nach Einwilligung des Betroffenen zu Vertragszwecken (Mitarbeiterausweis, Studentenausweis) gesammelt und gespeichert werden. Das deutsche Passgesetz (PaßG) erlaubt die Aufnahme biometrischer Daten in den Pass (siehe § 4 Satz 4). Eine zentrale Datei mit den biometrischen Daten aller Passinhaber ist jedoch verboten. Hierzu § 4 Absatz 3 und 4 (PaßG) [Paß]:

> (3) Der Pass darf neben dem Lichtbild und der Unterschrift weitere biometrische Merkmale von Fingern oder Händen oder Gesicht des Passinhabers enthalten. Das Lichtbild, die Unterschrift und die weiteren biometrischen Merkmale dürfen auch in mit Sicherheitsverfahren verschlüsselter Form in den Pass eingebracht werden. Auch die in Absatz 1 Satz 2 aufgeführten Angaben über die Person dürfen in mit Sicherheitsverfahren verschlüsselter Form in den Pass eingebracht werden.

---

[2]International Civil Aviation Organization

(4) Die Arten der biometrischen Merkmale, ihre Einzelheiten und die Einbringung von Merkmalen und Angaben in verschlüsselter Form nach Absatz 3 sowie die Art ihrer Speicherung, ihrer sonstigen Verarbeitung und ihrer Nutzung werden durch Bundesgesetz geregelt. Eine bundesweite Datei wird nicht eingerichtet.

Die bei der Ausstellung des Passes erfassten Daten bleiben laut den Allgemeinen Verwaltungsvorschriften zur Durchführung des Passgesetzes (PassVwV) im Passregister der ausstellenden Passbehörde gespeichert [Pas]. Das BDSG gilt für die Führung des Passregisters; für technische und organisatorische Maßnahmen gilt das Datenschutzgesetz des jeweiligen Bundeslandes (vgl. z. B. § 9 BDSG). Grundsätzlich ist das Passregister kein Auskunftsregister (§ 22.1 PassVwV), aber für gewisse Behörden gibt es Ausnahmeregelungen. So kann beispielsweise die Ortspolizei zur Ermittlung des Täters innerhalb eines Bußgeldverfahrens im Straßenverkehr bei der örtlichen Passbehörde einen Abgleich des Beweisfotos mit Passbildern im Passregister veranlassen.

3.5 Wie funktioniert das Auslesen?

Der Chip und seine für das Auslesen notwendige Antenne befinden sich im Deckel des ePass. Die Daten auf dem Chip sind mit einer digitalen Signatur versehen, die Integrität und Authentizität sichern soll [bsi05]. Um ein unbemerktes Auslesen zu verhindern, wird von der EU verpflichtend für alle Pässe der Zugriffsschutz *Basic Access Control* verlangt.

Basic Access Control

Durch Basic Access Control soll sichergestellt werden, dass der ePass erst dann ausgelesen werden kann, wenn die lesbaren Inhalte des Passes optisch vom Lesegerät erfasst wurden. So wird der bisherigen „Einwilligung zum Auslesen" durch Aushändigen des Passes an einen Beamten indirekt Rechnung getragen.

Basic Access Control funktioniert folgendermaßen (siehe auch Abbildung 3.5):
Mittels der „abgelesenen" Informationen wird vom Lesegerät aus Geburtsdatum, Passnummer und Ablaufdatum des Passes ein Zugriffsschlüssel berechnet. Man benutzt diese drei Informationen für den Zugriffsschlüssel, weil sie durch Prüfsummen gesichert sind und Einlesefehler des Lesegerätes erkannt werden könnten. Mit diesem Zugriffsschlüssel erfolgt die gegenseitige Authentisierung von Lesegerät und Chip. Dann sendet der Chip eine Zufallszahl r_{Chip} an das Lesegerät. Daraufhin sendet das Lesegerät seinerseits ein Chiffrat an den Chip, welches aus seiner Zufallszahl r_{Reader}, der Zufallszahl des Chips r_{Chip} und aus der Lesegerät-seitigen Hälfte des späteren Sitzungsschlüssels K_{Reader} besteht. Jetzt kann der Chip das Chiffrat mit dem Zugriffsschlüssel entschlüsseln und

prüfen, ob seine Zufallszahl r_{Chip} enthalten ist. Trifft dies zu, sendet der Chip ein Chiffrat aus r_{Chip}, r_{Reader} und der Chip-seitigen Hälfte des späteren Sitzungsschlüssels K_{Chip}. Nun entschlüsselt das Lesegerät dieses Chiffrat und prüft, ob beide Zufallszahlen enthalten sind. Dann werden die beiden Sitzungsschlüsselhälften zusammengesetzt und die Kommunikation kann verschlüsselt stattfinden [BG05, S. 47f.].

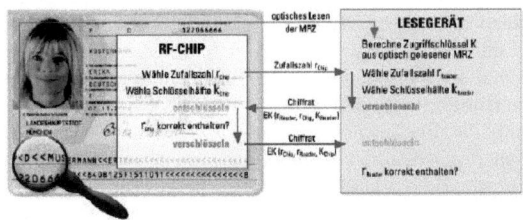

Abbildung 3.5: Funktionsweise Basic Access Control - Quelle: [bsi05, S. 3]

Das Bundesamt für Sicherheit in der Informationstechnik hat für Basic Access Control die Software-Anwendung „Golden-Reader-Tool" entwickelt [bsic].

In der zweiten Stufe des ePass müssen noch sensitivere Daten (der Fingerabdruck) gesichert werden. Hier wird dann zu Basic Access Control zusätzlich *Extended Access Control* (siehe beispielsweise [bsi05]) eingesetzt werden.

3.6 Aktueller Stand der Entwicklung

Der ePass enthält alle Sicherheitsmerkmale des bisherigen deutschen Reisepasses, der als einer der fälschungssichersten auf der ganzen Welt gilt. Die neu hinzugekommenen Komponenten sind jedoch noch in einem sehr jungen Entwicklungsstadium und werden noch nicht sehr lange in der Praxis eingesetzt.

Sowohl die RFID-Technik als auch die biometrischen Systeme entwickeln sich schnell weiter. Deshalb soll hier nur ein sehr kurzer Überblick über den aktuellen Stand der Entwicklung dieser beiden Techniken gegeben werden.

- RFID
  Was den ePass angeht, ist momentan die Haltbarkeit der RFID-Chips im Mittelpunkt des Interesses. Experten sind sich aber noch uneinig über die Lebensdauer von RFID-Chips [bsi04].

- Gesichtserkennung

  Bei der Gesichtserkennung wird in der Praxis vorwiegend die zweidimensionale Messtechnik eingesetzt. Hohe Falscherkennungsraten machen eine automatisierte Grenzkontrolle für ePass-Besitzer bisher noch undenkbar. Die Kopfhaltung und chirugische Veränderungen des Gesichts verursachen Probleme bei der Erstellung des optimalen Templates für dieses Gesicht und bei der passiven Erfassung eines zu überprüfenden Gesichts. Außerdem sind die Systeme noch sehr lichtempfindlich. Sowohl die Templates als auch der zu vermessende Kopf bei der Verifikation müssen optimal ausgeleuchtet sein. Zu dunkle Hauttypen werden bisweilen noch komplett als Hintergrund erkannt.
  Abhilfe könnte die dreidimensionale Gesichtserkennung schaffen. Damit kann man vor allem den Problemen der Kopfhaltung und denen der chirurgischen Veränderungen begegnen. Hierzu läuft momentan am Frankfurter Flughafen das Projekt „3Dface". Mit Hilfe der 3D-Gesichtserkennung will man Grenzkontrollen automatisieren, sicherer machen und die Abfertigung insgesamt beschleunigen. Außerdem werden bei diesem Projekt auch die Probleme des Persölichkeitsschutzes, die die Biometrie mit sich bringt, umfassend untersucht [bfd07b, S. 46].

- Fingerabdruckerkennung

  Die biometrischen Verfahren, die mit Fingerabdruckerkennung arbeiten, weisen momentan noch eine deutlich höhere Erkennungsrate auf als Systeme, die andere biometrische Merkmale verwenden. Der Schwachpunkt ist allerdings die niedrige Überwindungssichheitheit der Systeme (Stichwort Silikonfinger). Selbst Systeme, bei denen Ultraschall, Körperwärmeerkennung oder Feuchtigkeitsmessung (Schweiß) eingesetzt wird, lassen sich noch leicht täuschen.
  Darüber hinaus gibt es Menschen, bei denen das biometrische Merkmal Fingerabdruck nicht ausgeprägt ist bzw. aufgrund der spezifischen Lebens- oder Arbeitsweise fehlt. Weiter beobachtet man in Tests, dass die Hände alter Menschen und die relativ kleinen Finger mit sehr feinen Fingerlinien der Asiaten schlechte Erkennungsraten aufweisen. Eine zufriedenstellende Erkennungsleistung ist also noch nicht gewährleistet.

3.7 Kritik

Der deutsche Reisepass zählt zu den fälschungssichersten Ausweisdokumenten der Welt [BG05, S. 25]. Das Verlangen der EU nach einem fälschungssicheren Pass ist nachvollziehbar, da Pässe anderer Staaten ernstzunehmend oft Fälschungsversuchen unterliegen. Der ePass enthält alle Merkmale des alten deutschen Passes und ist damit mindestens so sicher wie dieser. Doch die technische und organisatorische Sicherheit der zusätzlichen, neuen Komponenten des ePass kann noch nicht gewährleistet werden.

Die ICAO verlangt, dass die Haltbarkeit des Speichermediums in einem Reisepass mindestens der Gültigkeitsdauer des Passes entspricht [ICA04b, S. 36]. Doch momentan wird noch bezweifelt, dass der RFID-Chip des Reisepasses 10 Jahre hält [ICA04b, S. 47] - durch die junge Existenz gibt es auch noch keine Studien über diese Zeitdauer hinweg. In diesem Zusammenhang ist auch die Gültigkeitsdauer des ePass fragwürdig. Natürlich kann der ePass bei Kontrollen wie der bisherige Reisepass verwendet werden, wenn der Chip unlesbar sein sollte. Trotzallem ist die Frage, warum er mit dieser Gültigkeitsdauer versehen wurde, obwohl weder klar ist wie der RFID-Chip sich über diese Zeitdauer hinweg verhält, noch ob das Verfahren der biometrischen Erkennungssysteme in Zukunft dauerhaft so eingesetzt wird bzw. eingesetzt werden kann.

Die RFID-Chips im ePass haben offiziell eine Reichweite von bis zu 20 cm [bmic]. Dahinter steht das Argument, dass man bemerkbar nahe kommen müsste, um den ePass auslesen zu können. Jedoch ist mit entsprechender Ausstattung ein Auslesen des Chips nicht unmöglich [bsif]. Studien zur allgemeinen Funktionsweise von RFID-Systemen stellten für den Frequenzbereich 13,56 MHz eine Reichweite von bis zu 1,2 m fest [bsi04, S. 29]. Hier ist zu bemerken, dass das unbemerkte Auslesen, bis auf die personalisierte Information über die Fingerabdrücke, dem Verlieren des Reisepasses entspricht. Der auslesbare Chip enthält ansonsten nur Daten, die auch optisch ablesbar sind. Und selbst die Fingerabdrücke lassen sich auf anderem Weg einfacher beschaffen. Zum Schutz vor unbemerktem Auslesen besteht aber die Möglichkeit, bei Mitführen des ePass eine Schutzhülle aus Metall zu verwenden [Liv06]. Eine Kommunikation der Außenwelt mit dem Chip ist dann auf keinen Fall möglich.

Es wird kritisiert, dass der Zugriffsschlüssel von „Basic Access Control" relativ leicht zu entschlüsseln sei. Dazu müsste man allerdings ca. 2^{56} Kombinationen in kürzester Zeit testen [bsi05], was praktisch unmöglich ist - selbst bei Kenntnis gewisser Daten (z. B. Geburtsdatum).

Es ist gelungen, Klone von elektronisch lesbaren Pässen zu erzeugen, die an einer automatisierten Kontrolle nicht erkannt wurden [Neu07]. Diese Entwicklung ist weiter genau zu verfolgen.

Die Fehlerkennungsraten biometrischer Systeme sind momentan noch zu schlecht, um damit Personenkontrollen zuverlässig durchzuführen. Trotzallem plant man auch im Personalausweis schon die Aufnahme biometrischer Merkmale auf einem Chip. Davor muss die Leistungsfähigkeit der verfügbaren Verifikationssystemen für die Verwendung im Zusammenhang mit Personaldokumenten ebenso vorangetrieben werden wie die strenge Zweckbindung der Daten im Passgesetz.

Der neuste Entwurf sowohl für Pass- als auch für Personalausweisgesetz enthält für die Polizei- und Ordnungsbehörden die Möglichkeit, jetzt sogar automatisiert Lichtbilder der Pass- und Personalausweisregister übermittelt zu bekommen, um Verkehrsordnungswidrigkeiten zu verfolgen [bfd07b, S. 48]. Momentan können die Polizei- und Ordnungsbehörden per Fax Informationen von den Kommunen erhalten, wenn Verkehrsordnungswidrigkeiten vorliegen. Die automatisierte Übermittlung entspricht aber praktisch dem permanent möglichen Online-Zugriff der Polizei auf unsere digitalisierten Passbilder und damit einer Referenzdatei biometrischer Daten. Problematisch ist hier die Grenze zwischen der Einhaltung von § 16 Satz 6 (PaßG), der besagt, dass die Merkmale des Reisepasses nur zur Identifikation des Reisenden verwendet werden dürfen und der Erlaubnis des Zugriffs durch Behörden nach § 17 (PaßG) zur Wahrnehmung ihrer Aufgaben. Man kann zwar auch durch die neuen (Pass)gesetze noch keine bundesweite Datei mit biometrischen Daten erstellen, allerdings geht die Gefahr von der Vernetzung aus. Es wird aber im Bundesinnenministerium über die Ausdehnung auf Zugriff der Behörden bei Straftaten diskutiert [ZDF07]. Dies führt, wenn auch über einen Umweg, zu einer vernetzten Datenbank, in der früher oder später die biometrischen Daten aller Bundesbürger enthalten sind. Schwerste Straftaten sollten so eventuell verfolgt werden dürfen, doch dann verwischt die Grenze zwischen „schwer" und „nicht schwer genug".

Die Biometrie macht den menschlichen Körper maschinenlesbar. Die Tendenz zum „gläsernen Mensch" und extremer Transparenz beunruhigt viele Menschen. Datenschützer warnen vor erheblichen Missbrauchsgefahren, da es mit RFID Systemen möglich ist, komplexe Bewegungsprofile von Personen herzustellen. Was den ePass angeht, wäre hier das Szenario des Einsatzes einer personenbezogenen Bombe denkbar, die nur explodiert, wenn sich die entsprechende Person mit ihrem ePass in wahrnehmbarer Nähe befindet. So sollte man laut Peter Schaar bedenken: „Der Einsatz von Biometrie ist datenschutzrechtlich nur zu verantworten, wenn die entsprechenden Verfahren eine hinreichende Erkennungssicherheit aufweisen, der Missbrauch der Daten durch technisch-organisatorische Maßnahmen ausgeschlossen wird und das Gesamtverfahren den Prinzipien der Verhältnismäßigkeit und Zweckbindung entspricht."[3].

Bei der Entwicklung beider im Pass integrierten Technologien Biometrie und RFID wird von vielen Seiten verlangt (z. B. [bfd07b, S. 178] und [bfd05, S. 22]), dass alle Möglichkeiten zur datenschutzgerechten Gestaltung ausgeschöpft werden und vorallem die Einhaltung der Prinzipien Datensparsamkeit, Zweckbindung, Vertraulichkeit und Tranzparenz gesichert ist. Ebenso fordert die Konferenz der Datenschutzbeauftragten des Bundes und der Länder, dass elektronisch lesbare, biometrische Ausweisdokumente erst ausgegeben werden dürfen, wenn gesichert ist,:

- dass biometrische Merkmale ausschließlich von den für die Passkontrolle zuständigen Behörden genutzt werden,
- dass Merkmale, die in Ausweisen gespeichert werden, nicht als Referenzdaten genutzt werden, um Informationen aus verschiedenen Systemen zusammenzuführen,
- dass die verwendeten Geräte von einer unabhängigen Stelle nach internationalen Standards zertifiziert werden,

[3]Peter Schaar in seinem 21.Tätigkeitsbericht 2005-2006 [bfd07b, S. 45]

- dass Verfahren bestimmt werden, um einen Datenmissbrauch bei der Erfassung der Referenzdaten (sicheres Enrollment) zu unterbinden

- und dass keine zentrale oder vernetzte Biometriedatenbank geschaffen wird. [bfd07b, S. 174]

In Deutschland hat man meiner Meinung nach versucht, vorbildlich schnell die Maßnahmen der EU umzusetzen, doch dabei den wahren Stand der Technik nicht kritisch genug beurteilt. Darüber hinaus sollte erst gesichert sein, dass die datenschutzrechtlichen Bestimmungen so weit entwickelt sind, dass sie mindestens mit dem Stand der Technik Schritt halten können, bevor die Bevölkerung ihre biometrischen Merkmale in der Tasche mit sich durch die Welt trägt.

In Deutschland fand die Einführung des ePass ohne ausreichende öffentliche Diskussion statt, es gab keine Möglichkeit zur Erörterung der Chancen und Risiken - so wurde die eigentlich betroffene Bevölkerung nicht mit einbezogen [bfd07b, S. 174].

4 Resümee

In Mainz testet die Polizei derzeit am Hauptbahnhof ein Verfahren, welches mit einem hochauflösenden Videosystem automatisch den Augenabstand, die Nasenform und z. B. auch Lachfalten auswertet. Diese Daten können von Sicherheitskräften europaweit aufgerufen werden [Har].

Die Kombination von Videotechnik und Biometrie wird in der Zukunft zur Kontrolle oder Überwachung genutzt werden, wenn sich die Fehlerraten des Tests in Mainz als gering erweisen [bfd07b, S. 72]. Doch bei Missbrauch dieser Daten besteht die Gefahr, dass zum Beispiel mit Hilfe des neuen Reisepasses - durch die Kopplung von Auslesen biometrischer Merkmale mit Videoüberwachung - Bewegungsprofile erstellt werden könnten. Die Problematik liegt weiter auch darin, dass der Übergang vom Mensch zur Maschine auch im Lebensbereich der Sicherheitskontrollen stattfindet. So konnte man früher doch sicher sein, dass der Grenzbeamte Namen und Erscheinungsbild sofort nach der Kontrolle wieder vergisst, doch wer stellt sicher, dass heute die informationstechnisch verarbeitete Grenzkontrolle nicht für den Zweck der Erstellung eines Bewegungsprofils gespeichert wird?

Die verschiedenen Technologien und die Informatik erleichtern mehr und mehr die Verknüpfung verschiedenster Gegenstände miteinander und die Zusammenführung dieser Gegenstände mit personenbezogenen Daten wird möglich. Das Recht der Menschen auf informationelle Selbstbestimmung ist sehr stark gefährdet. Leider mangelt es laut dem Bundesdatenschutzbeauftragten für den Datenschutz an einer ausreichenden gesellschaftspolitischen Diskussion [bfd05, S. 21]. Darum weiß der Bürger entweder nicht einmal von der Möglichkeit solcher Vernetzungen, oder wenn doch, so ist ihm nicht bewusst, was er dagegen unternehmen kann.

Die Wirtschaft hat ein riesiges Interesse an der Sicherheit. Der Boom in der Sicherheitstechnikbranche verschafft sowohl großen Konzernen als auch kleinen HighTech-Unternehmen hohe Gewinne. Doch das große und für die Bevölkerung gefährliche Problem ist, dass die datenschutzrechtlichen Bestimmungen momentan noch nicht mit der technischen Fortentwicklung Schritt halten können.

Die Biometrie ist eine zukunftsträchtige Wissenschaft. Sie in amtlichen Dokumenten einzusetzen, ist durchaus sinnvoll. Nur muss hierzu gesichert sein, dass Ausweisdaten, die bei Grenzkontrollen erhoben werden, dürfen nur nach hohen Datenschutz- und IT-Sicherheitsstandards verarbeitet werden! Darum sollten die Chipdaten des ePass vorerst nur unterstützend verwendet werden und noch keine reguläre personelle Kontrolle ersetzen.

Mittlerweile sind sowohl Videoüberwachung als auch die Erfassung der Daten, die der neue ePass enthält, von weitreichender Bedeutung für das gesellschaftliche Leben. Es ist notwendig, dass Technologie-Entwickler, Systembetreiber, Datenschützer und Verbrauchervertreter einen dauerhaften Dialog führen und so sicherstellen, dass neue Technologien datenschutzkonform genutzt werden. Der Datenschutzdialog muss auf den neuesten Stand der Technik gebracht werden und zukünftig mit ihm Schritt halten.

Es ist vertretbar und auch legitim, dass man neueste technische Entwicklungen nutzt, um Gefahren wie Terror oder Straftäter zu verfolgen und damit die Bevölkerung davor schützt. Aber ganz alltägliche Spuren der Menschen werden dadurch möglicherweise für die Strafverfolgung zugänglich. Gleichzeitig entstehen so technische Kontrollsysteme und eine Überwachungsstruktur, die, sobald sie existieren, theoretisch auch zu ganz anderen Zwecken verwendbar sind [bfd05, S. 21]. Es sind also nicht die einzelnen, mittlerweile technisch möglichen Überwachungs- und Kontrollmaßnahmen, die die Bedrohung für den persönlichen Datenschutz ausmachen, sondern die Vernetzung aller dieser für sich gesehen datenschutzkonformen Anwendungen. Man muss den Schutz personenbezogener Daten gewährleisten, anstatt ihn immer weiter zurückzudrängen.

Der Datenschutz muss auf Augenhöhe mit dem Einsatz von Videotechnik und dem Einsatz biometrischer Systeme kommen; eine strenge Zweckbindung der persönlichen Daten in Gesetzen und Bestimmung ist unbedingt notwendig. Es ist wichtig, die Kontrolle jeglicher Systeme zu regeln, die persönliche Information in irgendeiner Weise verwenden.

Der Informationsbedarf ist in Staat und Wirtschaft enorm gestiegen und ohne die moderne, automatisierte Datenverarbeitung wäre ein reibungloser Ablauf in unserer Gesellschaft nicht mehr denkbar. Trotzdem hat jeder Mensch das Recht auf informationelle Selbstbestimmung, welches durch das allgemeine Persönlichkeitsrecht in den Artikeln 1 und 2 des Grundgesetzes manifestiert wird. Jeder hat das Recht, grundsätzlich selbst darüber zu bestimmen, welche Daten man von sich preisgibt und wie sie verwendet werden. Insofern muss der Datenschutz gestärkt werden, um unseren Persönlichkeitsschutz zu gewährleisten. Der schnelle informationstechnische Wandel ist für den Rechtsschutz der Menschen riskant und darum ist es einerseits unbedingt notwendig, dass die technischen Entwicklungen die Gesetzgeber aller Länder aufmerksam verfolgt werden und im Bedarfsfall korrigierend eingegriffen wird. Andererseits sollte man innovative Technik einfach auch dahingehend entwickeln, dass sie Schutz für unsere Bürger bietet. Man kann sich fragen, ob die Angst der Bevölkerung ausgenutzt wird, um mehr Überwachung durchzusetzen. Hierbei möchte ich aber unterstellen, dass auch für unsere Bundesregierung im Endeffekt doch das Wohl der Bürger im Vordergrund steht. Man sieht in erhöhter

Sicherheit durch Überwachung eben ein Mittel, um Gefahren zumindest teilweise auszumerzen.

Wie viel ist uns Sicherheit wert und wie viele Freiheitsrechte muss man dafür aufgeben?

Um sich in Sicherheit zu befinden, muss man einen Käfig um sich haben - gleichwohl wird dieser Käfig die Bewegungsfreiheit einschränken.

Literaturverzeichnis

[BCP⁺04] BOLLE, Ruud M. ; CONNELL, Jonathan H. ; PANKANTI, Sharath ; RATHA, Nalini R. ; SENIOR, Andrew W.: *Guide to Biometrics*. 4. Aufl. New York : Springer Science+Business Media Inc., 2004. – ISBN 0–387–40089–3

[BDS] *Bundesdatenschutzgesetz (BDSG) in der Fassung der Bekanntmachung vom 14.01.2003 (BGBl. I S. 66), zuletzt geändert durch Artikel 1 des Gesetzes vom 22.08.2006 (BGBl. I S. 1970)*

[bfd] BUNDESBEAUFTRAGTER FÜR DEN DATENSCHUTZ UND DIE INFORMATIONSFREIHEIT (Hrsg.): *Ausbau der Videoüberwachung auf Bahnhöfen.* http://www.bfdi.bund.de/DE/Schwerpunkte/Terrorismusbekaempfung/Artikel/AusbauVideoueberwachung.html__nnn=true, Abruf: 25.04.2007

[bfd05] BUNDESBEAUFTRAGTER FÜR DEN DATENSCHUTZ (Hrsg.): *Tätigkeitsbericht 2001 - 2002. 19. Tätigkeitsbericht.* http://www.bfdi.bund.de/SharedDocs/Publikationen/Taetigkeitsberichte/19-Taetigkeitsbericht-2001-2002,templateId=raw,property=publicationFile.pdf/19-Taetigkeitsbericht-2001-2002.pdf. Version: 23.August 2005, Abruf: 29.04.2007. – Veröffentlichung

[bfd06] BUNDESBEAUFTRAGTER FÜR DEN DATENSCHUTZ UND DIE INFORMATIONSFREIHEIT (Hrsg.): *Bundesdatenschutzbeauftragter Peter Schaar gegen ungebremste Videoüberwachung.* Version: 21. August 2006. http://www.bfdi.bund.de/DE/Oeffentlichkeitsarbeit/RedenUndInterviews/2006/Interview-dradio-Anti-Terror-Video.html__nnn=true, Abruf: 25.04.2007

[bfd07a] BUNDESBEAUFTRAGTER FÜR DEN DATENSCHUTZ UND DIE INFORMATIONSFREIHEIT (Hrsg.): *Common Criteria Protection Profile - Software zur Verarbeitung personenbezogener Daten.* Version: 15. Januar 2007. http://www.bfdi.bund.de/SharedDocs/Publikationen/Arbeitshilfen/Schutzprofil,templateId=raw,property=publicationFile.pdf/Schutzprofil.pdf, Abruf: 27.04.2007

[bfd07b] BUNDESBEAUFTRAGTER FÜR DEN DATENSCHUTZ UND DIE INFORMATIONSFREIHEIT (Hrsg.): *Tätigkeitsbericht 2005 - 2006. 21. Tätigkeitsbericht.* http://www.bfdi.bund.de/DE/Oeffentlichkeitsarbeit/

Taetigkeitsberichte/TaetigkeitsberichteDesBFD.html.
Version: 24.April 2007, Abruf: 27.04.2007. – Veröffentlichung

[BG05]   BEEL, Jöran ; GIPP, Béla: *ePass - der neue biometrische Reisepass.* Aachen : Shaker, 2005. – ISBN 3–8322–4693–2

[bmia]   BUNDESMINISTERIUM DES INNERN (Hrsg.): *Der Schutz des Persönlichkeitsrechts des Bürgers*

[bmib]   BUNDESMINISTERIUM DES INNERN (Hrsg.): *Fragen und Antworten zum ePass.* http://www.bmi.bund.de/Internet/Content/Themen/PaesseUndAusweise/Einzelseiten/Biometrie__FAQ.html, Abruf: 01.05.2007

[bmic]   BUNDESMINISTERIUM DES INNERN (Hrsg.): *Sicherheit der Daten im ePass-Chip.* http://www.bmi.bund.de/cln_012/nn_1082274/Internet/Content/Themen/PaesseUndAusweise/Einzelseiten/Sicherheit_ _ePassChip.html, Abruf: 08.05.2007

[bmid]   BUNDESMINISTERIUM DES INNERN (Hrsg.): *Videoüberwachung.* http://www.bmi.bund.de/sid_C195EA9842A2601BBD6E17C557169161/Internet/Content/Common/Lexikon/V/Videoueberwachung__Id__64111__de.html, Abruf: 25.04.2007

[BPo]   *Bundespolizeigesetz (BPolG) vom 19.10.1994 (BGBl. I S. 2978,2979), zuletzt geändert durch Artikel 8 der Verordnung vom 31.10. 2006 (BGBl. I S. 2407)*

[bsia]   BUNDESAMT FÜR SICHERHEIT IN DER INFORMATIONSTECHNIK (Hrsg.): *Einführung in die technischen Grundlagen der biometrischen Authentisierung.* http://www.bsi.de/fachthem/biometrie/dokumente/Technische_Grundlagen.pdf, Abruf: 03.05.2007

[bsib]   BUNDESAMT FÜR SICHERHEIT IN DER INFORMATIONSTECHNIK (Hrsg.): *Gesichtserkennung.* http://www.bsi.de/fachthem/biometrie/dokumente/Gesichtserkennung.pdf, Abruf: 03.05.2007

[bsic]   BUNDESAMT FÜR SICHERHEIT IN DER INFORMATIONSTECHNIK (Hrsg.): *Golden Reader Tool.* http://www.bsi.de/fachthem/epass/goldenreader.htm, Abruf: 08.05.2007. – Website

[bsid]   BUNDESAMT FÜR SICHERHEIT IN DER INFORMATIONSTECHNIK (Hrsg.): *Häufig gestellte Fragen.* http://www.bsi.de/fachthem/epass/faq.htm, Abruf: 01.05.2007

[bsie]   BUNDESAMT FÜR SICHERHEIT IN DER INFORMATIONSTECHNIK (Hrsg.): *M 1.53 Videoüberwachung.* http://www.bsi.de/gshb/deutsch/m/m01053.htm, Abruf: 25.04.2007

[bsif]   BUNDESAMT FÜR SICHERHEIT IN DER INFORMATIONSTECHNIK (Hrsg.):
            Radio Frequency Identification. `http://www.bsi.bund.de/fachthem/rfid/`
            `whitepaper.htm`, Abruf: 04.05.2007

[bsi04]   BUNDESAMT FÜR SICHERHEIT IN DER INFORMATIONSTECHNIK (Hrsg.):
            Risiken und Chancen des Einsatzes von RFID-Systemen. `http://www.`
            `bsi.de/fachthem/rfid/RIKCHA_barrierefrei.pdf`. Version: 17.November
            2004, Abruf: 04.05.2007. – Pressemitteilung

[bsi05]   BUNDESAMT FÜR SICHERHEIT IN DER INFORMATIONSTECHNIK (Hrsg.): *Di-*
            gitale Sicherheitsmerkmale im elektronischen Reisepass. `http://www.bsi.`
            `de/fachthem/epass/Sicherheitsmerkmale.pdf`. Version: 01.Juni 2005,
            Abruf: 03.05.2007

[Ebe19]   EBERTHARDT, Johanna: Erneut Zweifel an Videoüberwachung. In: *Stuttgar-*
            ter Zeitung (2007-04-19), Nr. 90, S. 6

[Eur]   *Verordnung (EG) Nr. 2252/2004 des Rates vom 13.Dezember 2004 über*
            Normen für Sicherheitsmerkmale und biometrische Daten in von den Mit-
            gliedstaaten ausgestellten Pässen und Reisedokumenten (ABl. L385 vom
            29.12.2004)

[Fin02]   FINKENZELLER, Klaus: *RFID - Handbuch.* München : Hanser, 2002. – ISBN
            3–446–22071–2

[Har]   HARTMANN, Gabriel: Auf dem Weg zum Überwachungsstaat. In: *Mitteilun-*
            gen der Humanistischen Union 196 (2007), S.19-20. – ISSN 0046–824X

[ICA04a]   INTERNATIONAL CIVIL AVIATION ORGANIZATION (Hrsg.): *Annex I: Use*
            Of Contactless Integrated Circuits in Machine Readable Travel Documents.
            Version: 5.Mai 2004. `http://www.icao.int/mrtd/download/documents/`
            `Annex%20I%20-%20Contactless%20ICs.pdf`, Abruf: 07.05.2007

[ICA04b]   INTERNATIONAL CIVIL AVIATION ORGANIZATION (Hrsg.): *Biometrics*
            Deployment of Machine Readable Travel Documents. Version: 21.Mai
            2004.   `http://www.icao.int/mrtd/download/documents/Biometrics%`
            `20deployment%20of%20Machine%20Readable%20Travel%20Documents%`
            `202004.pdf`, Abruf: 07.05.2007

[Inn03]   INNENMINISTERIUM BADEN-WÜRTTEMBERG (Hrsg.): *Videoüberwachung an*
            Kriminalitätsbrennpunkten ist rechtmäßig. 21.Juli 2003. – Pressemitteilung

[Jüt07]   JÜTTNER, Julia: *Der Siegeszug der Elektro-Augen.*   Spiegel online.
            Version: 4.April 2007. `http://www.spiegel.de/panorama/justiz/0,1518,`
            `475724,00.html`, Abruf: 27.04.2007

[Kla07] KLAMT, Martin: *Verortete Normen: öffentliche Räume, Normen, Kontrolle und Verhalten.* Wiesbaden : VS Verlag für Sozialwissenschaften, 2007 (Stadtforschung aktuell 109). – ISBN 978–3–531–15098–7

[Kra05] KRAIF, Ursula: *DUDEN - Das Fremdwörterbuch.* Mannheim: Dudenverlag, 2005. – ISBN 3–411–04058–0

[Lana] LANDESBEAUFTRAGTER FÜR DEN DATENSCHUTZ BADEN-WÜRTTEMBERG (Hrsg.): *8.1. Der Dieb im Umkleideraum.* http://www.baden-wuerttemberg.datenschutz.de/lfd/tb/2003/tb-4.htm#t4_1_8, Abruf: 27.04.2007

[Lanb] LANDESBEAUFTRAGTER FÜR DEN DATENSCHUTZ BADEN-WÜRTTEMBERG (Hrsg.): *Polizei stellt Videoüberwachung in der Sülmer City/Heilbronn ein.* http://www.baden-wuerttemberg.datenschutz.de/aktuell/heilbronn.htm, Abruf: 25.04.2007. – Mitteilung

[Lanc] LANDESBEAUFTRAGTER FÜR DEN DATENSCHUTZ BADEN-WÜRTTEMBERG (Hrsg.): *Tätigkeitsbericht 2003 - 4.1.8. Videoüberwachung.* http://www.baden-wuerttemberg.datenschutz.de/lfd/tb/2003/tb-4.htm#t4_1_8, Abruf: 25.04.2007

[Liv06] KRYPTRONIC TECHNOLOGIES (Hrsg.): *Die Schutzhülle für den neuen ePass.* Version: 2006. http://www.livewire.de/epass.html, Abruf: 08.05.2007

[Man07] STADT MANNHEIM (Hrsg.): *Drei Jahre Videoüberwachung in Mannheim.* Version: April 2007. http://www.mannheim.de/io2/browse/Webseiten/Aktuell/Archiv/April%202004/040408video_de.xdoc, Abruf: 23.04.2007

[Neu07] INTERESSENKREIS BIOMETRISCHE AUSWEISE (Hrsg.): *Britischer Experte knackt elektronischen Reisepass.* Version: 12.März 2007. http://www.neuer-reisepass.de/modules.php?name=News&file=article&sid=135, Abruf: 03.05.2007

[Paß] *Paßgesetz (PaßG) vom 19. April 1986 (BGBl. I S. 537), zuletzt geändert durch Artikel 7b des Gesetzes vom 5. Januar 2007 (BGBl. I S. 2)*

[Pas] *Allgemeine Verwaltungsvorschriften zur Durchführung des Passgesetzes (PassG) - PassVwV - auf Grund des § 27 Abs. 1 des Passgesetzes vom 19. April 1986 (BGBl. I S. 537), zuletzt geändert durch Gesetz vom 1. Mai 2000 (BGBl. I S. 626)*

[Pola] *Polizeigesetz Baden-Württemberg in der Fassung vom 13.1.1992 (GBl. S. 1, ber. S. 596, 1993 S. 155); zuletzt geändert durch Gesetz vom 1.7.2004 (GBl. S. 469) m.W.v. 1.1.2005*

[Polb]   DEUTSCHE POLIZEIGEWERKSCHAFT LANDESVERBAND BAYERN (Hrsg.):
          *Grundsatzprogramm der Deutschen Polizeigewerkschaft im DBB (DPolG)
          Landesverband Bayern e.V.* http://www.besser-dpolg-bayern.de/pdf/
          grundsatzprogrammdpolg-bayern.pdf, Abruf: 08.06.2007

[Pri04]   PRIVACY INTERNATIONAL (Hrsg.):   *Federal Republic of Germany.*
          Version: 16.November 2004.   http://pi.gn.apc.org/article.shtml?
          cmd[347]=x-347-83513, Abruf: 26.04.2007

[Rah]   RAHE, Ann-Kathrin: *Winke winke, Polizei.*   Zünder Zeit online.
          http://zuender.zeit.de/2006/34/video-ueberwachung-london, Abruf:
          27.04.2007

[Wik07]   WIKIMEDIA FOUNDATION (Hrsg.): *Videoüberwachung.* Version: 20. April
          2007. http://de.wikipedia.org/wiki/Video%C3%BCberwachung, Abruf:
          23.04.2007

[Wul04]   DEUTSCHLANDRADIO (Hrsg.):   *Wulff für mehr Flexibilität auf dem
          Arbeitsmarkt.*   Interview mit Burkhard Birke im Deutschland-Radio.
          Version: 28.März 2004. http://www.dradio.de/dlf/sendungen/idw_dlf/
          252143, Abruf: 27.04.2007

[ZDF07]   ZDF (Hrsg.):   *Polizei soll automatischen Zugriff auf Passfotos ha-
          ben.*   Version: 12.April 2007. http://www.heute.de/ZDFheute/inhalt/3/
          0,3672,5263491,00.html, Abruf: 03.05.2007

[ZV07]   ZAND-VAKILI, André: *Polizei kämpft gegen den rasanten An-
          stieg der Jugendgewalt.*   Welt online.   Version: 20.April 2007.
          http://www.welt.de/welt_print/article822609/Polizei_kaempft_
          gegen_rasanten_Anstieg_der_Jugendgewalt.html, Abruf: 27.04.2007

BEI GRIN MACHT SICH IHR WISSEN BEZAHLT

- Wir veröffentlichen Ihre Hausarbeit, Bachelor- und Masterarbeit

- Ihr eigenes eBook und Buch - weltweit in allen wichtigen Shops

- Verdienen Sie an jedem Verkauf

Jetzt bei www.GRIN.com hochladen und kostenlos publizieren